A CÍTRICA LITERÁRIA Ensaios, Traduções & Dramaturgia

SOROR

Soror

Peça teatral em um ato

Luisa Cretella Micheletti

Colaboração de dramaturgia Eme Barbassa

1ª edição, São Paulo, 2020

LARANJA ● ORIGINAL

Foto Edson Kumasaka

Encenada pela primeira vez no Teatro do Sesc Ipiranga, São Paulo, em março e abril de 2019.

O elenco foi composto por:

Daniel Infantini		DEUS
Fernanda Nobre		EVA
Geraldo Rodrigues		ADÃO
Luisa Micheletti		LILITH

Direção			Caco Ciocler
Cenário e figurino		Cássio Brasil
Iluminação			Aline Santini
Trilha sonora			Felipe Gritz
Assistente de direção		Eduardo Estrela
Colaboração de dramaturgia	Eme Barbassa
Assessoria de cenografia	Bosco Basechi
Assistente de iluminação	Pejeú de Oliveira
Operação de luz		Igor Sully
Operação de som		Monique Carvalho
Contrarregra			Umberto Alves David
Direção de produção		Dani Angelotti

Soror – do latim *sorore(m)*, significa "irmã". Era um dos tratamentos dados às freiras. É a origem da palavra "sororidade", ou fraternidade entre mulheres, base do feminismo.

PERSONAGENS

Lilith

Adão

Deus

Eva

Escuridão.
Música.

Surge Deus.
Ele está em pé sobre um pequeno palco no centro no espaço cênico.
Sobre o palco, um pedestal com microfone.

Deus cria Adão. Em seguida, cria Lilith.
Deus induz Adão a olhar e reparar na fêmea recém criada.

ADÃO – Aleluia!

LILITH – ALELUIA O QUÊ?

ADÃO – Eu sabia que seria esta noite!

LILITH – Que dia é hoje?

ADÃO – Chegou na hora certa.

LILITH – Eu perguntei que dia é hoje.

ADÃO – É o sexto dia.

LILITH – Satisfeito?

ADÃO – Quero tocar em você.

LILITH – ELE ESTÁ SATISFEITO?

ADÃO – Sentir seu corpo no meu para ter certeza.

Lilith olha devagar para seus braços e mãos. Toma um susto ao notar que tem um corpo.

LILITH – Responde.

ADÃO – Eeeeee... Ocupado ainda.

LILITH – Ele está satisfeito?

ADÃO – Ocupado! Mares, muitos peixes, bananeiras pra cortar na vertical, ovíparos que geram proteína, pedras de todos tipos, alguns lagartos, montanhas, cores que variam com a luz e demônios sem corpo. Além de todo tipo de diretrizes.

LILITH – Responde ou nada.

ADÃO – Parece satisfeito. Pra que tudo isso? Vamos ao que interessa.

LILITH – E o que é que interessa?

ADÃO – Isso é sangue? No meio das tuas coxas!

LILITH – Olha!

Lilith umedece a mão em seu próprio sangue menstrual e estende à frente, oferecendo–o a Adão. Adão com nojo.

BLACK OUT

ADÃO – Sangue?

LILITH – Sim. Outra vez, e outra e outra.

ADÃO – Posso falar? Isso me afasta.

LILITH – Que dia é hoje?

BLACK OUT

Ao longo do diálogo a seguir Adão, em movimento, circula Lilith. Ambos olham a Lua durante a conversa.

ADÃO – Outra vez... outra vez...

LILITH – Falsa é a ideia de que as coisas acabam.

ADÃO – A lua cheia sempre volta.

LILITH – Volta.

ADÃO – Sempre.

LILITH – E outra volta e outra volta.

ADÃO – E outra. E outra.

LILITH – Vai murchando devagar.

ADÃO – Vai minguando como teus peitos depois do sangue. Olha!

No breu da lua nova.

LILITH – Não vejo nada.

ADÃO – Só nós?

LILITH – A sós com o sangue.

ADÃO – Pra que sangue?

LILITH – Sempre é. Pra sempre foi.

A luz vai voltando.

ADÃO – Agora vejo ela de novo.

LILITH – Tão discreta, tão doce, vai crescendo.

ADÃO – Queria que você fosse assim, delicada como ela.

LILITH – Coitada. Reflete um brilho que nem é dela.

Adão se coloca atrás de Lilith. Pousa as mãos em seu ombro. Ao longo do diálogo em negrito Adão e Lilith falam como se estivessem fazendo sexo.

ADÃO – **Tão plena. Tão rápido. Gira e dilata e circula e repete**

LILITH – **E gira e dilata e circula e repete**

ADÃO – **Depressa. Gosta?**

LILITH – **Gira e dilata. Continua. Não para.**

ADÃO – **Aumenta. Isso. circula e gira.**

LILITH – **E dilata e repete e circula e**

LILITH e ADÃO – **gira e dilata e circula e repete e gira e dilata e circula** e repete e gira e dilata e **circula e repete e gira e dilata**

ADÃO – **Ah, Lua!**

LILITH – **Transborda**

ADÃO – De novo!?

LILITH – Bem-vindo. Prova!

Lilith umedece a mão em seu próprio sangue e estende à frente, oferecendo-o a Adão.

LILITH – Minha vez!

Lilith inverte as posições. Se coloca por trás de Adão, as mãos pousadas sobre os ombros dele.

LILITH – gira e dilata e circula e repete e gira e dilata e circula e repete...

ADÃO – Pai...

LILITH – ... e gira e dilata e circula e repete e gira e dilata...

ADÃO – Pai!

LILITH – ... e circula e repete e gira e dilata e circula e repete...

ADÃO – PAI!!!

BLACK OUT

ADÃO – PAAAAAI!

Surge Deus. Ele começa uma espécie de palestra TEDx.

DEUS – Como pode a finitude conter o infinito em si? Não tem como o intelecto compreender tudo o que existe, o que existiu ou o que vai existir. Intelecto não. Vivenciar? Alguns. O conceito separa. Qualquer conceito é sempre menor que o infinito. Que o éden. Que o inferno. Que... qualquer uma das matrizes que eu projetei. E eis que chega a física contemporânea com a ideia de dualidade. Dualidade esta representada principalmente pela contradição entediante e ultrapassada que separa a finitude do infinito. Minha proposta nunca foi divorciar estas duas instâncias, entende? A única resposta possível para esta equação só pode estar na síntese, e não na soma das partes. Fica a dica.

Deus e Lilith em uníssono (Lilith só diz as palavras em negrito)

DEUS e LILITH – Meu polegar **repousa** enquanto a última **curva colérica arranca** um rastro pálido de supernovas a exibir--se na cauda da ave mais **brilhante**. Levanto o corpo, **contemplo a relva**, os micróbios crescem. Ao casal de camaleões devo todas as respostas de um mundo perfeitamente traçado. (*só Lilith*) **Ou seria ao hipopótamo?**

Ambos riem muito.

DEUS – Criatura...

LILITH – Quanto mais vaidade, menos perguntas o sujeito faz, não é mesmo, senhor? Teu filhinho te chama o tempo todo.

DEUS – Adão, querido. Senta um pouco. Come um damasco.

ADÃO – FUI FERIDO. HUMILHADO. NINGUÉM ME OUVE AQUI, PAI.

LILITH – Se o fim é mal... o recomeço é pior.

ADÃO – Cê acredita que sábado passado eu tinha feito aquela torta de asparagus, a da casquinha trançada, com a massa integral um dia antes, pra nós. Cheguei da rua morto de fome, tinha sobrado um pedaço que dava pra compartilhar perfeitamente entre nós dois e na hora que eu ia cortar o Thor me ligou. Tudo certo, fui falar com Thor, quando eu voltei ela tinha comido tudo, pai. Tudo. Comeu o pedaço inteiro da torta, não dá, né. Eu quero outra mulher.

DEUS – Lilith, filha. Seu descomprometimento tem causado certa desarmonia no universo...

LILITH – O fato do seu filho não gostar de como eu sou é problema dele, não meu.

DEUS – É preciso ceder, meu anjo. Os remos são dois, a canoa é uma só.

LILITH – Este homem é pouco. Quero outro.

ADÃO (*para DEUS*) – ...Ela tinha comido tudo, o pedaço inteiro. Quando voltei, só as migalhas. Quer dizer, você quer povoar tudo com essa mentalidade? A gente vai criar doze tribos assim? Ela grita! Ela sangra!

DEUS – Filha, quando isso acontecer, você tem várias alternativas! A primeira delas é o protetor interno. É preciso deixar a cordinha pra fora. Claro que no primeiro dia, quando o fluxo é mais intenso e as dores abdominais mais constantes, tudo isso causa mesmo uma sensação de desconforto que pode te fazer optar pelo absorvente comum, que no entanto, a longo prazo, não é o melhor pro projeto planeta, dirão os ambientalistas de plantão. Mas, não há como negar que as abas dão segurança à noite. Vira pra cá, vira pra lá, ninguém quer uma mancha de manhã, certo? E ainda tem o coletor menstrual que é feito de um material inteligente que é o silicone, este sim é o que menos incomoda, inclusive você nem sente depois que acostuma, nossa, não sente mesmo, escorrega pra dentro. Só pra tirar que é chatinho, enfiar o dedo inteiro e apertar... às vezes faz um "ploc" que pode ser angustiante...

LILITH – Eu só quero outro homem!

DEUS – Ah, tem também o soft tamp-on, uma esponjinha que você enfia na vagina pra poder transar linda, gostosa, maravilhosa, sem nem precisar contar pra ele que você está naqueles dias. É só espremer e colocar lá dentro, talvez você não tenha ideia da profundidade da sua vagina, mas funciona, ele nem vai sentir. Essa esponjinha é a melhor coisa que vai acontecer na sua vida, e na vida dele, convenhamos.

LILITH – Eu apenas quero outro homem.

DEUS – (*ignora*) E por último, filha, o teste de gravidez. Pra quando você for me dar a boa nova!

Lilith não entende.

LILITH – Quem disse?

DEUS – VOCÊ TEM QUE CEDER!

Deus agarra o pescoço de Lilith.

LILITH – Meu corpo brotando da lama. Por que mesmo, criador? Tão inteira pra esse cachorro apavorado. Vou embora com quem cede ao sangue, de fora, de raiva, os entalados, inteiros demais.

DEUS – Demônio.

LILITH – Da moléstia vem a reza e a baba vai grudada na alma de vocês... que viva a erva daninha... na casa dos piores morre quem nasce. Um brinde ao vinhoto. As rosas dançam na esquina e no escuro. Estúpido. Lembra de mim, para sempre.

ADÃO – Deixa ela ir!

DEUS – A escolha é sua. É o seu presente...

ADÃO – A escolha foi dela, pai. Preciso de outra. Tem mais damasco?

DEUS – Filho, você quer mulher ou damasco?

ADÃO – Quero outra mulher agora! Diferente desta. Ela baba! Ela sangra!

DEUS – Pensa direito...

ADÃO – Você viu que não tem jeito.

DEUS – Seja feita vossa vontade.

Lilith cai no chão. Deus se aproxima do corpo caído.
Deus delira. A voz de Lilith surge em negrito como uma possessão.
As falas de Deus e Lilith são ditas simultaneamente, sobrepostas uma à outra.

DEUS – LILITH! LILITH! POR QUÊ? POR QUE NOS ABANDONASTE? **Eco seco lamentoso não faz girar pescoço... só em torno de si hahahahaha** PENSE MELHOR **o feito está feito, por ti foi feito** – POR FAVOR **deusa-buraca da mãe. Não sou mulher de insultar** O INFINITO SUBDIVIDIDO EM FORMAS QUE SE REPETEM NO COSMO E NA MOLÉCULA, DA ESTRELA AO CARAMUJO, DESDE SEMPRE E PARA SEMPRE... ONDE FOI QUE EU ERREI? **Gosmento, assassino, serrado, vendido,** AS FORMAS SAGRADAS DANÇAM SIMÉTRICAS **da merda teu suor** azedo, e o berço ensanguentado, EXPULSA O TETRAEDRO a cinta dourada da santa arrancada por teu puto filho PERDOA era eu FOI COM A MELHOR DAS INTENÇÕES! EU JURO!

LILITH (*doce*) – Conta a ideia do mundo sem dizer nenhuma palavra.

Deus estica a mão em direção à Lilith, que retribui, deitada. Ambos quase tocam os dedos, como na imagem de Michelangelo do teto da Capela Sistina. Deus tenta encostar no que não é mais seu. Lilith se distancia de propósito. Antes de se tocarem...

LILITH – Entendeu?

DEUS – Não. Nem quero entender.

BLACK OUT

ADÃO (*No black*) – PAI!!! Outra mulher! Agora! Quero uma mulher que me complete. Pai! Quero me encaixar numa mulher! Num corpo de mulher! Quero uma mulher que me contorne! Uma mulher que diga sim... quando a resposta for sim!

Música.

Luz sobre Eva. Em seguida, em Deus e Adão.

ADÃO – Aleluia!

EVA – Teu sonho vivo, meu amor.

ADÃO – É linda!

EVA – Acabou o Danone. Vou buscar outro. Que dia é hoje?

ADÃO – Esta, agora, é osso dos meus ossos, carne da minha carne!

DEUS – Serão ambos um só. Crescei e multiplicai-vos. Enchei o mundo. Dominai esta Terra.

EVA – Dominai? As flores... seu perfume, tem a mesma origem de seu silêncio? Vejo um riacho que segue sem indagar o caminho. O sulco da terra indicou-lhe a rota, antes mesmo de criares a primeira nascente. (*tempo*) Que dia é hoje?

DEUS – É teu, este jardim e todos os dias que brotarem dele. Cuida bem.

EVA – Atravessarás minhas cavidades, meu amor. Neste ventre, portal do mundo, fermentará a forma dos homens. Em direção à vida, por meus corredores de carne, a humanidade escorregará. Crescidos, mamados, fortes, nutridos... protegida pelo meu colo, a sociedade há de florescer.

Deus e Adão se olham, aprovando.

DEUS – Que assim seja.

BLACK OUT

Deus novamente dando uma TEDx.

DEUS – ... E assim tem sido. O caos, veja bem, este vazio entreaberto (titubeia) bááááuuuuhhhhhh mmmmm, sabe como é. O caos foi um... Ah, foi como foi. Embora ainda não seja possível para vocês conceber, registrar e mensurar a abrangência do intangível, é importante lembrar que o salto de entendimento que unificaria as teorias cosmológicas, ou seja o MACRO, e as teorias quânticas, ou seja, o MICRO, estacionou na seguinte questão: como pode a finitude conter o infinito em si?

Eva lê uma revista.

EVA – ... o primeiro passo para fazer um bom sexo oral é ter vontade. (*para si*) Sexo Oral? (*ri*) Deve–se ter prazer com a prática e não desempenhá–la simplesmente para agradar o outro. Alterne os movimentos. Fuja do vai e vem repetitivo e para além da sucção do membro, sempre auxilie a prática com as mãos. Olhe nos olhos do parceiro, de preferência estando bastante maquiada. O contato visual aumenta as chances de... (*toma um susto*)

Surge Lilith.

EVA – Maldita! Criatura desgraçada! Raça terrível! Você é a origem das grandes mazelas do mundo!

LILITH – Quero enfiar a faca na carinha da boneca!

Eva grita aterrorizada.

EVA – Puta! Vagabunda! Abusada! Infanticida! Pervertida! Aborteira! (*tentando lembrar outros nomes*) ... Puta! Vagabunda! (*com cara de "putz, já falei estes"*) Vadia! Cobra! Naja! Cascavel!

LILITH – QUERO CHÁ!

EVA – Um chá?

LILITH – Café.

EVA – Café?

LILITH – Chá.

EVA – Chá ou café?

LILITH – Um chá!

EVA – Não tenho nada comparável a essas bebidas emboloradas do Tártaro.

LILITH – HORTELÃ.

EVA – Açúcar?

LILITH – Puro.

EVA – (*como uma profecia*) Vejo uma mulher

LILITH – Apenas uma

EVA – A vitoriosa

LILITH – Que se deleita sobre os corpos das outras

EVA – Humilhadas

Surge Adão. Lilith vira de costas.

ADÃO – Meu amor! Está quase na hora! Você está linda!

EVA – (*susto*) Claro, meu amor, claro! Não prefere ir sozinho?

ADÃO – Jamais, meu amor. Nós somos um só... (*brincando*) carne da minha...?

EVA – Carne, meu amor, carne!

Adão e Eva sentam-se para assistir a TEDx de Deus.

DEUS – Um dos maiores, se não o maior paradoxo da física contemporânea é a compreensão de que o infinito e os sistemas finitos são complementares e não opostos. Mas como um sistema finito e uma curva podem estar juntos? Existe uma solução para isso. Uma imagem. Já foi descrita das mais diversas maneiras, não é nada extravagante, mas se eu lhes disser... deixarei de reinar. (risos) Afinal... a linguagem não é de Deus... a linguagem... é dos homens!

Adão e Eva aplaudem.

DEUS – Não, brincadeira. Vejam bem. Vamos lá. A geometria resolve este impasse. A resposta para isso se apresenta na estrutura de um fractal. Sabe o que é fractal?

Adão e Eva fazem que não.

DEUS – Ai meu Deus... Fractal é... é... é um floco dentro de um floco, uma parte dentro da parte. A estrela da estrela. Da estrela. Da estrela. A mesma estrutura que se propaga, idêntica, maior e menor. Eis o infinito demarcado por instâncias finitas. Pura arbitrariedade.

Adão e Eva aplaudem.

DEUS – (*confessa para a plateia*) Existem outros livros. É claro que existem. Mas por aqui e por enquanto nós guardaremos segredo.

Deus sai de cena.
Eva pede para Adão ocupar o microfone de Deus.

ADÃO – (*num fluxo de pensamento acelerado*) Ah, mas é muita gente que já tem um conhecimento grande então quando você já conhece isso você pode ignorar uma parte disso, mas um pouco de conhecimento sempre vai bem, porque quando a gente tem algum conhecimento a gente passa de um nível de pouco conhecimento para outro de grande conhecimento a gente sempre pega um pouco de conhecimento de cada lado, a gente passa de um nível de absorver tudo, pra um nível de absorver só algumas coisas então isso deve acontecer com ele também

EVA – (*aplaude*) Claro, meu amor, claro!

ADÃO – talvez fosse o caso de planejar melhor o corte das madeiras farpadas. De alguma maneira as farpas da madeira INTERFEREM. São completamente chatas as farpas da madeira, completamente desnecessárias, ELAS FURAM A PELE, ELAS RASGAM A PELE, são inconvenientes, preciso pegar as madeiras sem que elas me furem, não tem a menor necessidade de lidar com as farpas da madeira, a melhor coisa a fazer com as farpas da madeira, que são desnecessárias, é LIXAR.

EVA – (*aplaude*) Claro, meu amor, claro!

ADÃO – se eu te perdesse um dia / seria muita dor / pois grande é o meu amor / como se fosse um... horror / o quanto me sentiria / sem mim, sem ti, sem nós / nos prantos dessa canção / saudade do que não vivi / és minha enfim só minha / majestoso anjo, meu bem.

EVA – (*aplaude*) Claro, meu amor, claro!

ADÃO – ele ficava sempre muito ocupado, muito, muito ocupado, eu sentava na grama esperando ouvir A VOZ de novo, contando quantas folhas de grama tinham entre uma mão e outra, eu colocava as duas mãos na grama assim, uma e outra separadas e ficava contando quantas gramas tinham pra ver quanto tempo faltava pra ouvir a voz de novo, quanto tempo, quanto, quanto tempo faltava uma, duas, três, quatrocincoseisseteoito quanto tempo faltava pra ouvir a voz nove, dez, onze, doze, treze, quatorze, quanto uma, duas, três, quatro, pra ver se o tempo passava mais rápido, cinco, seis, sete de novo, e outra vez, e outra, pra ver se o tempo passava mais rápido, oito, nove, pra ver se eu conseguia acelerar o tempo se eu conhecesse todas as gramas, todas elas, pra ver se eu acelerava o tempo e ouvia A VOZ de novo

EVA – (*aplaude*) Claro, meu amor, claro!

Adão, balbucia como um bebê.
Surge Lilith por trás de Eva.
Adão sai.

LILITH – Açúcar?

EVA – Sim. (*tempo*) Você mora... sozinha?

LILITH – Falta alguma coisa?

EVA – Esquece.

LILITH – Arrependida?

EVA – De quê?

LILITH – Esquece.

EVA – De ter nascido?

LILITH – Você já leu a Bíblia?

EVA – A Bíblia...? Devo ter passado os olhos.

LILITH – Na escola sem Deus?

EVA – Sei lá se era com ou sem. Lembro dos mapas da Terra Santa. Coloridos. Bem bonitos. O Mar Morto de um azul bem claro. Dava sede só de olhar. É para lá que vamos, eu dizia, é para lá que vamos na lua de mel. E como nadaremos. E como seremos felizes.

LILITH – (*irônica*) Ai, poeta!

EVA – Eu sou. Não foi pra isso que eu vim?

LILITH – Que dia é hoje?

EVA – Lua cheia. Hora de molhar as plantas (*tempo*). Eu sou a mulher estrela / Eu sou a mulher serviço / Eu sou a mulher abrigo / mulher-lua: do rio sou a margem.

LILITH – Eu sou mulher do fundo d'água

EVA – Eu sou a mulher que brota

LILITH – Eu sou a lama que aduba

EVA – Eu sou a flor que a semente oferece

LILITH – Eu sou pra quem o céu anoitece

EVA – Eu sou a mulher espírito

LILITH – Eu sou avesso de dentro das coisas

EVA – Eu sou a força que sobe brilhante

LILITH – Na vertigem amparo tua queda

EVA – Se te aceito no ciclo da vida

LILITH – Te liberto do reino da morte.

EVA – És poeta agora.

LILITH – Será?

Eva passa a mão por entre as coxas. Olha bem para seu próprio sangue. Cheira. Passa em sua pele. Se sente bem. Oferece seu sangue a Lilith.

EVA – Prova!

LILITH – O meu secou.

EVA – Secou?

LILITH – Secou.

EVA – Faz tempo?

LILITH – Não sei.

EVA – Semanas? Meses?

LILITH – Não sei.

Eva lendo uma revista.

EVA – ... a maneira mais segura de confirmar uma gravidez em curso é fazendo o teste que mede a dosagem do hormônio Beta HGC no corpo da futura mamãe. Coloque a vareta com a ponta virada para a urina. Se aparecerem duas linhas, tanto na área de controle, quanto na de teste, parabéns, você está grávida, praticamente cumpriu sua função nessa existência. Vai gestar, parir, procriar, dar ao mundo um novo ser.

LILITH – Talvez eu não queira ser mãe.

EVA – O quê?

LILITH – Talvez eu aborte.

EVA – Abortar? Como?!

LILITH – Não sei. Não tá escrito aí, como fazer um aborto?

EVA – Aqui? Não...

BLACK OUT

Eva está no celular.

ADÃO – Não dá pra falar mais nada hoje, hein, tá tudo muito chato!

Eva ri de alguma coisa que recebeu no celular.

ADÃO – Tá rindo do quê?

EVA – Nada. Que? Que que cê falou?

ADÃO – Que tá chato pra cacete.

EVA – Que que tá chato?

ADÃO – Tudo, pô. Cê não pode falar nada que alguém vai se ofender. Eu entendo questionar as coisas, mas agora também não pode falar nada!

Eva ri de outra coisa no celular.

ADÃO – Que que cê tá rindo?

EVA – Nada… Nada…

ADÃO – Deixa eu ver!

Adão arranca o celular da mão de Eva e lê alto.

ADÃO – "Amiga, sabe por que as mulheres não querem mais se casar? Porque não é justo. Por causa de 100 gramas de linguiça ter que levar o porco inteiro."

Eva tem uma crise de riso que vai virando choro.

ADÃO – Cêis tão muito loucas. Tá vendo? Agora a gente não pode mais nada. Não pode falar mais nada. Agora é isso. Que foi?

EVA – Eu... Eu não te disse, mas... Eu ajudei uma amiga a abortar.

ADÃO – O quê?!

EVA – Com aqueles hormônios o feto poderia sair vivo. A gente não queria. Tive que usar uma agulha afiada. Eu fui cortando os pedaços pra facilitar a extração pelo canal. Muito sangue. Escuro. Ela tremia, vomitava, sangrava. Desmaiou.

ADÃO – Vocês são loucas!

EVA – Tinha o tamanho de uma laranja. Saiu uma perna, desmembrada, eu separei. Depois eu enfiei a mão e peguei as costinhas junto com a cabeça mole e as vísceras. E ela desmaiada no chão, as toalhas com coágulos.

ADÃO – Para! Por que você fez isso?

EVA – Quem mais faria? Eu enrolei o feto num jornal, ele tinha os olhos abertos. Ela não.

ADÃO – Chega!

Longo tempo.

EVA – Agora é isso. Não dá pra falar mais nada. Não dá pra falar mais nada que alguém se ofende.

BLACK OUT

Adão se prepara para finalmente fazer sua própria TEDx. Atrás dele, Deus finge que dorme, na posição de Jesus, pregado na cruz.

Uma música pop de karaokê começa. Adão acaba cantando.
No meio da música Lilith e Eva entram, como se estivessem em uma festa. Lilith fuma. O diálogo é meio gritado, para poder ser ouvido sobre a música ao fundo.

EVA – Lilith, apaga isso, vai.

LILITH – Ah, me deixa!

EVA – Vai acabar com você.

LILITH – Ai, garota, caguei.

EVA (*irônica*) – Radicalmente transitória não é apenas a vida humana, mas o mundo como tal.

LILITH – (*debochada*) Ai, filósofa agora!

EVA – Sabe que Maria tinha enormes dificuldades em dar banho em Jesus quando ele era bebê?

LILITH – Não diga.

EVA – Sim, ele era capaz de caminhar boiando sobre as águas e molhava apenas a sola dos pés.

Ambas riem muito.

LILITH – A mãe de Moisés também tinha problemas. Ele dividia a água da banheira ao meio sempre que ela tentava enfiar ele no banho.

Ambas riem muito.

LILITH – O que o guaxinim disse para Eva para que ela aceitasse comer a maçã?

EVA – Guaxinim? Não era cobra?

LILITH – Terceirizaram a árvore.

EVA – "Coma, e terás conhecimento"?

LILITH – Não. Não contém glúten. E Eva comeu.

Lilith ri sozinha.

EVA – Sabe o que Adão disse à sua primeira esposa quando teve sua primeira ereção?

Lilith faz que não.

EVA – Afaste-se! Não sei o tamanho que vai ficar!

Ambas riem muito.

Adão, desapontado, continua ao microfone tentando fazer sua própria TEDx.

ADÃO – A mais recente... A mais recente descoberta... da humanidade... do DNA... da água, da humanidade... da relação da água e do vento, quer dizer, água... e... da humanidade... recente... que o ser humano... da mais recente descoberta do ser humano...

Deus "desperta".

DEUS – Filho. Mais objetividade.

ADÃO – (*nervoso*) A mais recente descoberta da humanidade... Da recente humanidade...

DEUS – Só é preciso dar voltas quando algo te impede de ir ao cerne.

ADÃO – A mais recente... A mais recente descoberta...

DEUS – Quanto mais nomes pra dizer a mesma coisa, menos se pode falar dela. Vamos!

ADÃO – A mais recente... a mais recente... a mais recente descoberta...

DEUS – Quantos são os nomes de Deus, meu filho?

ADÃO – Setenta e dois, meu pau.

Ambos percebem o ato-falho.

ADÃO – Meu pai! Meu pai!

DEUS – Anda!

ADÃO – Prexeca, buceta, perereca, perseguida, pachocho, pepeca, racha, bombril

DEUS – (*irritado*) Apenas faça o seu discurso!

ADÃO – Buça, buraca, gruta, chibiu, cona, concha, gaveta, xana, boca cabeluda, aranha, bacalhau, brecha, caranguejeira, lasca, mexilhão, xereca, xoxota, canal do parto, bainha, cloaca

DEUS – Vamos, Adão! Vamos!

ADÃO – Furo, cabana, chupinga, bacurinha, baú da felicidade, cara da gata, conhecida, xavasca, bombadeira, frasquinho, ione, jujuba, grota, bromélia, a própria, armadilha, abençoada, franga, coração, desejada, parte, pombinha, passarinha, tabaca, precheca, suvaco de coxa, saída de filho, pastel, molhadinha, olho de tandera, lixa-pica, my precious, chimbica, xoroca, bocetinha, bocetão, receptora, repartida, lábios de fêmea, papa-duro, ninho de rola, pixota, cona

DEUS – QUANTOS SÃO OS NOMES DE DEUS, MEU FILHO?

ADÃO – Setenta e dois, meu pai.

DEUS – E POR QUE REPETISTE 72 NOMES IMPRÓPRIOS, ADÃO?

ADÃO – EU NÃO SEI MEU PAI! NÃO SEI! (*tempo*) EU SÓ ESTOU CUMPRINDO ORDENS!

DEUS – ORDENS DE QUEM?

ADÃO – Não sei!

Lilith e Eva sobem no palco e tomam o microfone de Adão.

EVA – Recentemente descobriu-se que a água modela o DNA e não o inverso. A água pulsa o DNA e não o contrário. Como se as informações viessem da água e não da matéria contida nela.

LILITH – Sem a água em torno da faixa de DNA, a faixa simplesmente sucumbe. Morre. Quebra.

EVA – O DNA expressa as informações que estão na água. E é por isso que a vida emerge da água.

LILITH – O DNA por sua vez deixa marcas na estrutura do espaço-tempo. Considerando que o sistema solar não está parado e sim em movimento, mais precisamente a 777 mil quilômetros por hora, a Terra e os outros planetas espiralam espaço afora, e criam um formato praticamente idêntico ao DNA…

DEUS – (*interrompendo bruscamente*) Então de onde a água tira essas informações? Água é hidrogênio e oxigênio, sendo o hidrogênio o elemento básico do universo. Então de onde vêm as informações para esses átomos? De onde?

Deus, furioso, arranca o microfone delas e devolve à Adão, para que ele faça seu próprio discurso no proscênio. Enquanto Adão faz sua palestra motivacional, Deus coloca Lilith e Eva, congeladas, em posição de combate físico.

ADÃO – Bom, meu nome é Adão, vou falar um pouquinho da minha história. Sou descendente da divindade, que meu pai foi criar o negócio dele e acabou que me chamou ... então vou contar um pouco de como aconteceu o Éden na minha vida. Nossa tô até nervoso de falar assim de mim. É legal tá aqui e poder estar partilhando um pouco aí da minha experiência com vocês. Hoje eu tenho algumas mensagens pra passar pra vocês que eu espero que as coisas que eu fiz ajudem vocês a prosperar. A principal é acreditar. Acreditar que você pode realizar qualquer coisa que você quiser e que você pode dar o melhor de si pra conseguir. Eu só tô aqui hoje porque meu pai foi convidado pra ser sócio fundador no universo com o meu avô e claro com a minha formação muito regrada na marcenaria, na agricultura, e tudo, eu tinha essa missão de ajudar. Ajudar com as tábuas, com as mudas, o arado. Eu plantava as sementes, cortava as folhas de bananeira na transversal, tinha o fogo também que virou função minha, só que eu também tinha a paixão de jogar bola. Aí na hora do almoço eu pegava a bola e jogava lá com os funcionários. E o tempo passava e a gente ficava jogando bola eu queria ganhar o jogo e tava perdendo e falava "não, não, vamo continuar, não vai acabar agora" e acabava que eu atrapalhava lá a turma e lógico tomava umas raladas do meu pai, do meu avô que falava "pô, cê pode até jogar uma bolinha, mas colabora, pô, dá uma ajuda também". E falava "meu, acredita em você. Não vai atrapalhar, né! Um dia cê vai ser alguma coisa na vida, boto mó fé". E aí eu vivi nos fundos lá do Éden e pra seguir o exemplo dele, que é criador, pensei cara, estudo, me formo, tipo pego uma carona com véio lá, pego uns clientes dele, ele acredita em mim... é isso. Tem que acreditar. Botar fé mesmo. Pensar positivo. Não deixar o pensamento negativo tomar conta da sua cabeça. Que é ele que traz desgraça pra sua vida. O pensamento negativo. Não pode pensar negativo. Tem que pensar ao contrário, pensar que você vai conseguir. É só acreditar! Só acreditar! Só colocar na cabeça o positivo. Tirar o negativo. E acreditar. Só acreditar. Só acreditar. E o seu merecimento vai atrair suas vitórias. Se você acreditar.

DEUS – Que vença a melhor!

Lilith e Eva dão um grito gutural, como se fossem se atacar, mas estranham a própria postura e desistem.

LILITH – Fala mais.

EVA – poesia?

Lilith faz que sim.

EVA – O que se diz da poesia não é mais poesia.

LILITH – E o que se pensa dela antes de escrever?

EVA – Não é possível compartilhar com palavras, só silêncios.

Ambas permanecem um tempo em silêncio.

LILITH – Quer comparilhar?

EVA – Já compartilhei.

LILITH – Teu sonho.

EVA – Ah, sim. Esta noite me vi em um.

LILITH – Em um sonho?

EVA – Num sonho dentro de um sonho.

LILITH – Consciente?

EVA – Quase.

LILITH – Minha cadela existe. Mas ela não sabe que é uma cachorra. Nós sim. Nós temos alguma ideia do que nós somos.

Algo no humano não existe nas plantas. Nem nos animais. A consciência da consciência. Nosso tempo acabou.

EVA – Já? Para sempre?

LILITH – Quase.

Deus apita, furioso.

DEUS – Advertida. Fora daqui. Fora! Vai embora de uma vez! Some! Quis ir embora, não quis? Some daqui! Você só atrapalha. Você só bagunça as coisas. É muita violência! Você nunca sorri! Tá sempre com essa cara amarrada! Quem te chamou de volta? Hein? Quem? Não gostou? Não concorda com o paraíso? Não fica! Devia agradecer. Que existe. Que tá viva. Que respira. Não quis ir pro inferno, mal agradecida? Volta pra lá! Some!

Lilith cospe em Deus.

DEUS – Eu vou mandar construir um muro pra não te deixar voltar. Um rio. Um oceano gigante cheio de crocodilos. Vou exigir documento, visto, RG, passaporte pra você entrar aqui. VAZA! Deixa a gente em paz! Me deixa prosperar!

Lilith sai.
Eva chora.

DEUS – Ô meu docinho. Não fica assim. Machucou?

EVA – Muito. Eu não tenho nada. Nem amigos, nem sonhos. Nem o mundo. Nem os frutos que plantei.

DEUS – O medo é a melhor defesa, meu anjo. Você tem o universo inteiro. Vai tomar um banho, vai.

EVA – Só metade de mim importa no seu mundo.

Eva cospe em Deus.

DEUS – Adão, filho! Adão! Vem cá ajudar!

Surge Adão

DEUS – Adão, dá esse comprimidinho pra ela, metadinha por dia, no começo piora um pouco, mas depois vai super bem. Eva, filha. Pra onde foi sua cordialidade? Vamos rever isso?

Adão entrega o comprimido e deixa Eva sozinha. Eva segura o comprimido em frente ao seu rosto como se fosse a caveira de Hamlet.

EVA (*assustadoramente lúcida*) – Quem? Quem matou Eva? Alguém... Alguém matou Eva, não matou? Alguém matou... Marilyn... não matou? Ou o que morreu foi a parte delas que não foi possível vender? Quem são vocês? Quem? QUEM? Assassinos? Amantes gentis... patrocinadores! Chefes... de família. Organizadores que gerenciam a arquitetura minuciosa do genocídio da Deusa. Mas não. Não enquanto houver beleza... enquanto houver juventude. Enquanto meu corpo é liso. Não são? Assassinos, vocês. Até meus amantes são... adoradores da minha pele lisa, da bochecha farta. Da cordialidade. Da boca pronta. Dos meus olhos azuis. Quem matou Afrodite?... Adão? O presidente? Meu psiquiatra? James Joyce? A Polícia? A milícia? A mando de quem? Quem matou? Quem dá conta de sumir com a dor de ter sua metade arrancada? (tempo) Será que me deixarão em paz? Me deixarão dormir e não morrer? A velhice... é uma forma de cura? O casamento é uma forma de cura? Onde mais eu posso me esconder? (tempo) O casamento é a velhice e a cura se esconde na rachadura onde nada remenda. Quem matou Ofélia? Quem? Quem? Quem está aí? Lilith?

LILITH – Um pedaço dela. O resto ainda não existe.

EVA – Chegou na hora certa.

LILITH – Acabou de soar a meia noite.

EVA – Bem-vinda, Lilith. Senta um pouco.

LILITH – Pois bem, vou sentar. E quem souber, me responda:

por que o povo deste país se esgota todas as noites em vigílias atentas como esta? Por que, durante o dia, se produzem tantas armas? Porque se compra tanto arsenal no estrangeiro? Por que tanto trabalho forçado, daqueles cuja pesada tarefa não distingue o domingo dos dias de semana?

EVA – Shakespeare?

LILITH – Hamlet.

EVA – Poeta! (*tempo*) E então... quem matou?

LILITH – Eva?

EVA – Todas.

LILITH – O *seu* Deus.

EVA – O meu?

LILITH – *O Seu*. Aqui não. Pra mim não merece o título.

EVA – É ele.

LILITH – Tem nome?

EVA – Alguns. Mas pergunte a ele. Pergunte a ele: "qual o seu nome"?

LILITH – Qual será a resposta?

EVA – Outra pergunta. Ele te responde com outra pergunta. Vai dizer: "por que queres saber"?

LILITH – Então esse é o nome.

EVA – Sim.

BLACK OUT

Adão e Deus numa situação de bastidores. Deus fala, pela primeira vez, em tom intimista, como se nesta cena ele fosse, de fato, ele mesmo, e antes, uma persona.

ADÃO – Você queria falar comigo, pai?

DEUS – Adão, querido. Senta um pouco. Adão... você sabe que eu não posso confiar totalmente... nelas. Elas não estão incluindo você... na pauta. Nem pretendem incluir.

ADÃO – Não sei se eu estou entendendo.

DEUS – Você já deve suspeitar do que eu venho... desconfiando. A união delas tem um propósito político. Elas estão planejando me trair.

ADÃO – Eu acho que não...

DEUS – Adão! Usa a cabeça. Você sabe, não sabe?

ADÃO – Eu sei que elas não confiam em você.

DEUS – Nem no meu mundo, nem no sistema.

ADÃO – Eu tenho que admitir. Minha confiança na Eva foi abalada.

DEUS – Por que? Ela te pediu alguma coisa? Alguma coisa que vai contra a sua natureza? Elas te pediram pra me espionar, não foi?

ADÃO – (*confuso*) não... não exatamente, não é isso.

DEUS – Lembra do início dos tempos, dos primeiros ensinamentos? "Todos que ganham poder, têm medo de perder"... até as mulheres.

ADÃO – Elas dizem que usam o poder para o bem.

DEUS – "Bem" é um ponto de vista. Os homens e as mulheres são similares em tudo. Inclusive na sede pelo poder.

ADÃO – Mas o nosso sistema se baseia na competição. No fundo, é cada um por si, não é?

DEUS – E o delas não?

ADÃO – Elas se importam umas com as outras. Sororidade.

DEUS – Quê?

ADÃO – Sororidade

DEUS – Que que é isso? Eu que inventei isso?

Adão faz que não.

DEUS – Você conhece a história de Páris, meu filho?

ADÃO – Não.

DEUS – É claro. Páris cuidava do rebanho do pai. Assim, que nem você. Era um homem honesto. Um homem de bem. Durante uma festa, ele foi escolhido por Zeus, um colega meu, para que o representasse, justamente por ser tão honesto. Zeus deu a ele um fruto, dourado. Uma maçã de ouro onde estava escrito: "para a mais bela". A maçã ia ser disputada entre três grandes Deusas...

ADÃO – Deusas?

DEUS – É Adão, Deusas. Hera, Atena e Afrodite. Hera prometeu que em troca da maçã ela daria todo o poder que ele pudesse ter. Atena, prometeu sabedoria eterna. E Afrodite o amor da mais bela mortal. Páris ponderou a escolha. Adivinha pelo que ele deciciu, meu filho?

ADÃO – Sabedoria?

DEUS – Claro que não, Adão! Ele escolheu o amor da mulher mais bela, né filho! Helena. Linda, jovem, a mulher mais gata do mundo todo. Era uma beleza quase... antinatural.

ADÃO – E o que aconteceu?

DEUS – Ele ficou tão poderoso... que conquistou Helena mesmo ela sendo casada com o rei de Troia. E levou ela embora com ele.

ADÃO – Uau.

DEUS – É...

Tempo.

ADÃO – E com quem eu posso aprender a ser assim, tão poderoso?

Tempo.

DEUS – Não com as mulheres.

BLACK OUT

Lilith está em pé sobre o palco de Deus. Lilith pega o microfone.

LILITH – Cuidado. Cuidado pra não ser expulsa do paraíso. Cuidado. Eles podem perceber que você não é culta o suficiente. Podem achar que você não é branca o suficiente. Eles podem não te achar tão jovem, tão virgem, tão lisa, tão sorridente. Talvez seu sobrenome não seja suficiente pra eles ou você não seja suficientemente magra, graduada, batizada, amassada, rosada. Cuidado. Eles podem te excluir sem que você perceba. O Éden é traiçoeiro. Você pode achar que pertence. Mas não pertence. E você vai se mutilar aos poucos pra caber num lugar menor do que você mesma. Vai estruturar um sorriso que se sustente o dia inteiro enquanto todo o teu corpo dói por dentro. (*tempo*) Quer meu conselho? Vai embora antes. Antes que o lamaçal seque e você fique presa pra sempre. Sai. Nem que seja manca. Nem que seja moribunda. Existe vida lá fora, mesmo que chamem lá fora de inferno. (*tempo*) Ah. Mas não vai se enganar. Não vai achar que "ninguém solta a mão de ninguém" porque solta sim. Solta sim. Se for vantagem pras outras que você vá pro inferno, solta na hora. Se for pra ficar com a sua luz, seu amor, suas conquistas... solta na hora. Não se iluda. Enquanto esse Deus reinar, essa não passa de uma frase bonitinha.

EVA – Você precisa ter mais confiança.

LILITH – Este não é o seu lugar de fala, querida. Você saiu desse Éden nojento, por acaso? Saiu? Não saiu, então senta nos seus privilégios e espera.

EVA – Essa frase bonitinha é uma tentativa. Uma luta.

LILITH – Eu deveria matar você agora.

EVA – Me matar?

LILITH – Agora.

EVA – Por quê?

LILITH – Você é o anjo do lar, não é?

EVA – Não seja tão literal.

LILITH – Isso é algum tipo de repressão, poeta?

EVA – Nem tão radical.

LILITH – Fala mais, poeta moderada.

EVA – É difícil manter um diálogo com quem quer eliminar a outra.

LILITH – Você só existe em relação aos outros. Eu simplesmente existo.

EVA – Os outros não são importantes?

LILITH – Quem?

EVA – Fala mais, sobre os outros.

LILITH – Eu não sei muito sobre os outros. Só sei que dói se mutilar pra tentar caber.

EVA – E você acha que em mim não dói? Não é porque não dói que eu fiquei.

LILITH – Por que então?

EVA – Me falta coragem pra romper. E o que te falta não é consciência. Talvez compaixão.

LILITH – Compaixão...

EVA – Tua ferida cola na minha. Experimenta me incluir.

LILITH – E você quer me incluir? Quer aprender a romper?

EVA – Você quer aprender sobre amor?

LILITH – Eles não sabem ouvir.

EVA – Veremos.

Deus e Adão numa certa urgência.

DEUS – Nosso tempo acabou.

ADÃO – Mas pai! Acabou de começar! Você nem descansou ainda!

DEUS – Meu julgamento já está em curso.

ADÃO – Como assim?

DEUS – O tempo não é linear, meu filho. Tudo acontece agora. Tudo.

ADÃO – Mas que droga, pai.

DEUS – Tem uma coisa que você precisa saber. Algo que você sempre soube, porque o que eu vou te contar agora já aconteceu e sempre acontecerá.

ADÃO – Quê?

DEUS – Filho, o que nos unifica é o buraco negro.

ADÃO – Que buraco negro?

DEUS – Entenda como quiser, filho. Nós vivemos em um buraco negro fractal. O vácuo não é vácuo, é densidade. É contração de matéria em nível inimaginável. O que essa gente chama de vácuo, é na verdade, densidade.

ADÃO – Sei.

DEUS – Os padrões se repetem, iguais, no macro e no micro. Tudo tem um centro, denso, gerador de matéria. Tudo é buraco negro.

ADÃO – Onde a gente acha que não tem nada...

DEUS – Tem tudo. Tem a potencialidade de tudo.

BLACK OUT

Eva está em frente a Adão. Lilith está atrás de Eva. Ao longo do diálogo Eva, em movimento, circula Lilith, revelando-a a Adão.

ADÃO – Ela te visita... não visita?

EVA – A lua?

ADÃO – A sombra.

EVA – É parte.

ADÃO – Parte?

EVA – Metade. A outra.

ADÃO – O que vocês falam... pode me ferir?

EVA – Pode nos curar.

ADÃO – Entendo.

EVA – E gira, e gira.

ADÃO – Sempre.

EVA – Não é?

Eva ao lado de Lilith.

ADÃO – Agora vejo.

EVA – Tão plena.

ADÃO – Escura.

EVA – E vem, e completa.

ADÃO – Tenho medo.

EVA – Não tenha. É o que é. Eu vejo.

Eva atrás de Lilith.

ADÃO – O eclipse!

EVA – Finalmente. Um novo tempo. A salvação.

Eva e Lilith lado a lado encaram Adão.

ADÃO – PAI!

Abre a luz. Adão sai.
Eva e Lilith caminham até o proscênio e sentam à beira do palco.

EVA – E agora? Como é que vai ser?

LILITH – Eu não tenho uma resposta pronta, mas nós vamos encontrar uma juntas.

EVA – Vamos deixar de obedecer. De acreditar.

LILITH – De dar audiência pra essas palestras.

EVA – De aplaudir qualquer coisa medíocre que eles façam enquanto a gente se esforça muito mais pra chegar no mesmo lugar.

LILITH – Vamos criar nossas próprias leis. Escolher bem quem nos representa.

EVA – Inventar novas formas de convivência. Outros modelos de relação.

LILITH – Vamos fazer com que eles engulam os anticoncepcionais pelos próximos quarenta anos.

EVA – Ressuscitar bruxas, magas, gênias, inventoras...

LILITH – ... divindades de todos os corpos, etnias e idades.

EVA – Alquimistas, feiticeiras e hereges.

LILITH – Não depender dos nossos vinte anos pra sermos quem somos.

EVA – Nem da ótica masculina pra determinar o que é apropriado, justo, belo.

LILITH – Será bem-vindo quem quiser agregar.

EVA – Consciência. Sensibilidade. Escuta.

LILITH – Coragem. Afeto. Invenção.

EVA – Vejo outra maçã. Não, não aquela. Outra. Maçã atirada ao vento...

LILITH – Explodiu. Pintou este céu. Faça-se a luz!

A luz ilumina a plateia.
Lilith e Eva olham cada uma das mulheres da plateia.

EVA – Vejo uma mulher... e outra... e outra.

LILITH – e outra...

EVA – e mais outra... e mais uma...

LILITH – e mais outra... e mais uma... e outra...

Música.

FIM

© 2020 Luisa Cretella Micheletti
Todos os direitos desta edição reservados à Laranja Original

www.laranjaoriginal.com.br

Editores Filipe Moreau e Germana Zanettini
Projeto gráfico Marcelo Girard
Produção executiva Gabriel Mayor
Diagramação IMG3

Dados Internacionais de Catalogação na Publicação (CIP)
(Câmara Brasileira do Livro, SP, Brasil)

Micheletti, Luisa Cretella
    Soror : peça teatral em um ato / Luisa Cretella Micheletti ; colaboração de dramaturgia Eme Barbassa.
    1. ed. – São Paulo : Laranja Original, 2020.

    1. Dramaturgia 2. Ensaios 3. Peças de teatro 4. Peças teatrais 5. Teatro (Drama) 6. Teatro brasileiro   I. Barbassa, Eme. II. Título.

ISBN 978-65-86042-02-3

20-34061   CDD-B869.2

Índices para catálogo sistemático:

1. Teatro : Literatura brasileira   B869.2

Maria Alice Ferreira - Bibliotecária - CRB-8/7964

Laranja Original Editora e Produtora Ltda.
Rua Capote Valente, 1.198 – Pinheiros
São Paulo, SP – Brasil
CEP 05409–003
Tel. 11 3062–3040
contato@laranjaoriginal.com.br

Papel Pólen 90 g/m²
Impressão Forma Certa
Tiragem 200 exemplares